Inhalt

Wetterderivate

Kernthesen

Beitrag

Fallbeispiele

Weiterführende Literatur

Impressum

Wetterderivate

G. Dengl

Kernthesen

- Mit Wetterderivaten können Unternehmen das wetterbedingte Umsatzrisiko absichern.
- Diese Form des Risikomanagements, die sich in den USA und Japan schon etabliert hat, wird nun auch in Europa immer beliebter.
- Das bisherige Geschäft verläuft zum Großteil bilateral über OTC (Over-the-Counter), aber die Finanzmärkte signalisieren zunehmendes Interesse.
- Dem Wetterrisikomarkt wird eine glänzende Zukunft vorausgesagt, auch wenn er in Europa bisher noch in den Anfängen steckt.

Beitrag

Derivate sind seit jeher hervorragend zum Risikomanagement geeignet

Im Vergleich zu den traditionellen Kassamärkten laufen die Geschäfte an den Terminbörsen besser. Das weltweite Umsatzvolumen im Handel mit Futures und Optionen stieg im vergangenen Jahr um über 50 Prozent auf knapp 3,2 Milliarden Kontrakte und lag damit viermal so hoch wie noch vor zehn Jahren. Drei Gründe sind für den Erfolg des Derivatehandels verantwortlich:

-Viele, den Terminhandel beschränkenden Bestimmungen sind gefallen
-Nationale Märkte wurden liberalisiert
-Die Kurse der den Derivaten zu Grunde liegenden Produkten schwanken zunehmend (aktuellstes Beispiel: das Platzen der Dotcom-Blase)

Diese Veränderungen an den Kapitalmärkten brachten eine neue Form des Risikomanagements hervor: Derivate. Sie sind ideale Instrumente um insbesondere Preisrisiken abzusichern. Heute gibt es an den Märkten kaum noch ein Preisrisiko, das nicht über Termingeschäfte (Forwards/Futures), Swaps und Optionen abgesichert wird. (1)

Wetterderivate als neue Möglichkeit des Risikomanagements

Wetterderivate stellen für Unternehmen eine einzigartige Möglichkeit dar, sich gegen die Witterung, und damit gegen eines der ältesten Risiken überhaupt, abzusichern. Die Idee ist so einfach wie genial. Viele Industrie- und Wirtschaftszweige sind stark vom Wetter abhängig. Die Bierindustrie beispielsweise verzeichnet nur in heißen Sommern ein Umsatzplus, weil dann mehr getrunken wird. Energieversorger wiederum sind eher an langen und kalten Wintern interessiert, weil sie dann mehr Brennstoffe absetzen können. (15)

In ihrer kürzlich veröffentlichten Studie schätzt die Hannoversche Rück, dass rund 80% der weltweiten Wirtschaftstätigkeit durch direkte und indirekte Wettereinflüsse geprägt ist. (4) Mit Wetterderivaten lässt sich dieses Risiko nun professionell steuern.

Konventionelle Derivate beziehen sich auf handelbare Finanzinstrumente wie beispielsweise Aktien, Zinsen, Währungen. Sie sollen ein bestimmtes Preisrisiko absichern. Beim Wetter verhält es sich ein wenig anders. Da es unmöglich ist, einen Preis für die Ausprägungen des Wetters festzulegen, wird nicht das Wetter abgesichert, sondern eine Größe, die damit in mittelbarem Zusammenhang steht, z. B. der Umsatz. Damit wird klar, dass nicht mehr ein Preis- sondern vielmehr ein Volumenrisiko abgesichert werden soll. [6]

Der Unterschied zu herkömmlichen Versicherungen besteht darin, dass Versicherungen zwar auch die Folgen extrem schlechten Wetters absichern (z. B. Sturm), aber eben nur, wenn ein Schaden oder andere Kosten entstanden sind. Derivate dagegen, sichern einen wetterbedingten Verdienstausfall ab. [4] Diese Absicherung erlaubt wetterabhängigen Industrien nicht nur die Stabilisierung ihrer Umsätze und Erträge, sondern stellt ein wichtiges Glied bei der Realisierung eines integrierten Risikomanagement-Systems dar. [2]

Rund 75% aller Wetterderivate werden derzeit in Form von Optionen gehandelt, der Rest sind Swaps. Es gibt noch einige wenige Spezialformen ("Collars", "Straddles", "Strangles"), die sich allerdings noch nicht durchgesetzt haben. [2] , [15]

Wie das Geschäft funktioniert

Ein Wetterderivat ist ein Kontrakt zwischen zwei Parteien. Eine Partei, beispielsweise ein Biergarten, will sich gegen die negativen Folgen eines kühlen Sommers versichern. Diese Partei wäre der Käufer des Derivats. Der Verkäufer könnte ein Reisebüro sein, das eine gegensätzliche Markterwartung hat: Wenn der Sommer gut ist, bleiben die Leute zu Hause, wenn der Sommer schlecht ist, könnten viele Kurzentschlossene sich dazu entscheiden doch noch Urlaub zu machen.

Käufer und Verkäufer haben idealerweise gegensätzliche Erwartungen an die Zukunft. Über den Weg des Wetterderivats können nun beide ihre Risiken auf einem vorteilhaften Niveau absichern. Dies bedeutet aber gleichzeitig, dass umgekehrt eine ungewöhnlich gute Ertragsphase nicht genutzt werden kann, weil die Investition in die Risikoabsicherung das möglicherweise sehr gute Ergebnis schmälert. (15)

Das genannte Beispiel wäre ein Swap, da es ein Geschäft nach dem Prinzip des Risikotauschs ist. Alternativ gibt es aber auch die Möglichkeit, Risiken über Optionen abzusichern. In diesem Fall zahlt der Käufer einer Option an den Verkäufer eine individuell vereinbarte Prämie. Wie bei den klassischen Optionen unterscheidet man zwischen Puts und Calls. (6)

In der Regel werden auch Ober- und Untergrenzen definiert (Caps und Floors). Sie begrenzen dabei die maximale Auszahlung, die sich aus einem Wetterderivat ergeben kann. (2)

Wie sich die Idee der Wetterderivate entwickelt hat

Das Konzept der Wetterderivate stammt aus den USA und wurde dort zuerst zwischen zwei Stromerzeugern angewendet. Aus deren Erfahrung hing die tägliche Stromabsatzmenge eng mit der täglichen Durchschnittstemperatur zusammen. Je kühler, desto mehr Strom wurde verbraucht. Für die Stromerzeuger bedeuteten Temperaturschwankungen demnach ein gewisses Risiko.

Um dieses Risiko zu messen, entstand das Konzept der "Degree Days" (DD). Ein DD entspricht einem Grad Differenz zwischen der täglichen Durchschnittstemperatur und einer festgelegten Vergleichstemperatur von 18°C. Ist die

Durchschnittstemperatur eines Tages geringer als 18°C, so werden die dabei gemessenen Gradtage als "Heating Degree Days" (HDD) bezeichnet, weil dann mehr Strom zu Heizzwecken verwendet wird. Liegt die tägliche Durchschnittstemperatur darüber, so werden die Gradtage "Cooling Degree Days" (CDD) genannt. Andere Indikatoren, etwa Windstärke, wären ebenfalls denkbar, aber gegenwärtig sind Temperatur und Niederschlag die mit weitem Abstand wichtigsten Größen.

Mit diesem Konzept war schließlich die Grundlage für das Geschäft gelegt, da man nun eine bequeme Möglichkeit gefunden hatte, das Risiko messbar zu machen. Mittlerweile hat sich das Konzept als Standard für die große Mehrheit aller Transaktionen, etabliert. (2)

Fallbeispiele

1) Golfclub Gut Apeldör

Die Besitzer der Golfanlage Gut Apeldör haben sich gegen schlechtes Wetter versichert. Zusammen mit der Firma Finanztrainer.com wurde ein Konzept entwickelt, welches das Schlechtwetterrisiko in Form von Regentagen absichert. Als Sicherungsgeber konnte die französische Großbank Société Générale gewonnen werden. Die Verträge sind dergestalt, dass Regentage, die auf ein Wochenende fallen, die doppelte Entschädigung bringen, analog zum höheren potentiellen Besucheraufkommen. (3)

2) Energiewirtschaft

Nachdem die Wetterderivate ihre Wurzeln in der Energiewirtschaft haben, ist es kaum erstaunlich, dass sie genau hier ihre weiteste Verbreitung finden. Auch in Europa machen davon nun zunehmend die Energieversorger - darunter Bewag, MVV Energie AG und das Elektrizitätswerk Dahlenburg -Gebrauch von dieser neuen Möglichkeit des Risikomanagements. (4)

3) Fußball-WM

Bei der vergangenen Fußball-Weltmeisterschaft in Japan und Südkorea haben sich verschieden Hotels und weitere Gastronomiebetriebe gegen schlechtes Wetter abgesichert. Die Derivate werden von der japanischen Daiwa Bank ausgegeben. Dies ist ein Beispiel dafür, dass Wetterderivate jenseits der EU ihre Verbreitung auch in Bereichen außerhalb der Energiewirtschaft gefunden haben. Insbesondere die USA und Japan übernehmen hier eine Vorreiterrolle. (5) , (10) , (13)

4) Energy & Commodity Services GmbH

Die Bayerische Landesbank (BayernLB) hat die Energy & Commodity Services GmbH gegründet, um Unternehmen aus dem Bereich Energie und Rohstoffe bei Warentermingeschäften adäquat beraten zu können. Da das Risikomanagement auch für diese Branchen immer mehr an Bedeutung gewinnt, entwickelt ein erfahrendes Team von Spezialisten Maßnahmen zur Risikosteuerung bei den Kunden. Dazu zählen neben dem traditionellen Hedging auch innovative Produkte wie Emissionszertifikate und Wetterderivate. (7)

5) Meggle

Butterhersteller Meggle setzt ebenfalls auf

Wetterderivate um den Absatz von Kräuterbutter während der Grillsaison abzusichern. (12)

Weiterführende Literatur

(1) Neues Zeitalter des Risikomanagements Derivatebörsen verbuchten im vergangenen Jahr weltweit Rekordergebnisse. Europäische Handelsplätze geben im Termingeschäft den Ton an
aus FTD Financial Times Deutschland vom 16.04.2002, Seite BE6

(2) Mit Derivaten auf das Wetter wetten /Risikomanagement in wetterabhängigen Industrien /Von Stefan M. Golder *
aus Neue Zürcher Zeitung, 20.04.2002, S. 29

(3) Höfling, M., Putten mal ganz anders, Welt am Sonntag, 19.05.2002, S. 51
aus Neue Zürcher Zeitung, 20.04.2002, S. 29

(4) Sicherheit gegen verhagelte Bilanzen Wetterderivate schützen Unternehmen gegen unsichere Witterung · Zunehmendes Interesse in Deutschland
aus FTD Financial Times Deutschland vom 06.06.2002, Seite 12

(5) Derivate sichern Wetterrisiken bei der Fussball-WM ab, Die Welt, 07.06.2002, S. 24

aus FTD Financial Times Deutschland vom 06.06.2002, Seite 12

(6) Mettler, B., Wetterderivate: Ein Nischenmarkt auf Wachstumskurs / Nach den USA auch in Europa und Asien gefragt / Wie Glacehersteller Regen und Kälte trotzen können, Finanz und Wirtschaft, 22.06.2002, S. 13: KAPITALANLAGEN
aus FTD Financial Times Deutschland vom 06.06.2002, Seite 12

(7) BayernLB gründet Beratungsunternehmen für den Energie- und Rohstoffbereich Effizientes Risikomanagement
aus Die SparkassenZeitung, 03.05.2002, Nr. 18, S. 6

(8) Wetterderivate-Markt wächst
aus Frankfurter Allgemeine Zeitung, 08.06.2002, Nr. 130, S. 21

(9) Boom bei Wetterderivaten Nachrichten
aus FTD Financial Times Deutschland vom 07.06.2002, Seite 22

(10) Japan schützt sich vor schlechtem Fußballwetter Im Vorfeld der WM finden Wetterderivate reißenden Absatz
aus FTD Financial Times Deutschland vom 26.04.2002, Seite 24

(11) Weiler, P., Absicherung gegen "schlechtes Klima" für Versorger immer wichtiger - Dresdner Bank

macht Stimmung für Wetterderivate / Wetterfrösche stehen vor dem Sprung auf das Parkett, Die Welt, Jg. 52, 04.04.2002, Nr. 78, S. 17
aus FTD Financial Times Deutschland vom 26.04.2002, Seite 24

(12) Schlechtwettergeld, FOCUS, 15.04.2002, Ausgabe:16, S. 11
aus FTD Financial Times Deutschland vom 26.04.2002, Seite 24

(13) Weiler, B., WM-Wetter auf Termin, Die Welt, Jg. 52, 14.05.2002, Nr. 110, S. 17
aus FTD Financial Times Deutschland vom 26.04.2002, Seite 24

(14) Kozlowski, B., Das Thema Wettereinflüsse auf den Energiehandel hat extrem an Bedeutung gewonnen / Temperatur beeinflusst Preis, Die Welt, Jg. 52, 10.04.2002, Nr. 83, S. WS3
aus FTD Financial Times Deutschland vom 26.04.2002, Seite 24

(15) Brückner, M., Mit Derivaten den Wetterlaunen trotzen, Süddeutsche Zeitung, 02.07.2002, Ausgabe Deutschland, S. 24
aus FTD Financial Times Deutschland vom 26.04.2002, Seite 24

Impressum

Wetterderivate

Bibliografische Information der deutschen Nationalbibliothek

Die Deutsche Nationalbibliothek verzeichnet diese Publikation in der deutschen Nationalbibliografie; detaillierte bibliografische Daten sind im Internet über http://dnb.d-nb.de abrufbar.

ISBN: 978-3-7379-1146-7

© 2015 GBI-Genios Deutsche Wirtschaftsdatenbank GmbH, Freischützstraße 96, 81927 München, www.genios.de

Alle Rechte vorbehalten. Dieses Werk ist einschließlich aller seiner Teile – z.B. Texte, Tabellen und Grafiken - urheberrechtlich geschützt. Jede Verwertung außerhalb der Grenzen des Urheberrechtsgesetzes bedarf der vorherigen Zustimmung des Verlags. Dies gilt insbesondere auch für auszugsweise Nachdrucke, fotomechanische Vervielfältigungen (Fotokopie/Mikroskopie), Übersetzungen, Auswertungen durch Datenbanken oder ähnliche Einrichtungen und die Einspeicherung und Verarbeitung in elektronischen Systemen.